오늘은 파도가 높습니다

So The Seasons Passed,

잘못 든 길에도 풀꽃은 핀다.
그 길 끝에는 사랑이 남고.

—1부　　　　오늘은 파도가 높습니다　　　11

—2부　　　　그래도 될 것 같은 마음　　　77

—2023년의 편지　　　　　　　　　　　114

1부
오늘은 파도가 높습니다

○

 후회도 사랑과 닮았는지 묻고 싶습니다. 이렇게 쓰면서 속으로는 이미 당신의 답을 그려보고 있어요. 당신이라면 뭐라고 대답할지.

 내가 후회하는 이 길은 아무리 더듬어 보아도 후회뿐인데 어느 한 편에 사랑이 묻어 있을까 짐작조차 되지 않습니다. 눈을 뜨고 둘러볼 용기가 생기지 않습니다. 두 눈을 꾹 감은 탓에 생긴 멍울을 어루만지는 것밖엔 도리가 없습니다. 어쩔 땐 이 길을 더듬으며 걷거나 아픈 자리를 어루만지는 것조차 힘겨워 가만히 주저앉고 싶습니다.

 후회도 사랑과 닮았는지 당신에게 묻고 싶습니다. 혹시 그렇다고 하면 감은 눈을 뜰 용기가 생길까요? 언제나 질문만 하고 떠나는 나를 용서하세요.

○

　발자국 같은 것이 남아 있다.
　누구의 것인지 모르겠다.
　어떻게 지워버리는지도.

○

　왔다가 금방 떠나는 파도를 보고 있으면 허무하다. 방금 내 발끝에 부딪혔던 파도는 이제 떠나가고 없다. 발끝에 철썩이고 가는 파도를 보고 있으면 끝없이 아득해진다. 언젠가는 아득해지는 것이 사랑인 줄 알았는데.

　쉼 없이 와 닿는 파도는 사랑일까. 파도를 일으켜 닿으려 하는 바람이 사랑일까.

○

    누군가를 만나고 돌아온 날 밤이면 물결 위에 놓인 것 같다. 나눴던 대화와 눈빛이 강을 이루어 출렁이고, 그 위를 밤새도록 떠다니다가 새벽녘이 돼서야 겨우 뭍에 닿는다.

    한 사람을 만났던 날 그 밤도 그랬다. 그의 눈빛, 그가 한 말, 그에게 하지 말았으면 좋았을 말들이 강을 이루어 넘실거렸다. 오갔던 눈빛과 말들 사이를 숨 가쁘게 헤엄치면서 의미를 찾아 헤맸다.

    그런 밤을 수없이 보내는 동안 할 수 있는 것이 없어서 그저 눈을 감고 뭍에 닿고 싶다고 조용히 빌었다.

○

　언젠가부터 마지막을 아껴두는 습관이 생겼다. 드라마의 결말을 보지 않거나 소설집이나 시집의 마지막 장을 넘기지 않으면서 어떤 이별은 내가 원하는 대로 미룰 수 있다고 믿었던 것 같다.

　그러나 이별이란 건 내가 원한다고 미룰 수 있는 게, 몇 걸음 물러선다고 피할 수 있는 잔파도가 아니어서 발끝만 적시지 않았다. 크게 덮쳐 온 파도는 기어코 나를 깊은 바다로 끌고 들어갔다. 짠 바닷물에 온몸이 젖고, 눈도 코도 따가운 후에야 겨우 뭍으로 돌려보내 주었다. 이별이란 건 읽던 책의 마지막 몇 장을 넘기지 않거나 드라마의 마지막 회를 보지 않는 별난 습관 따위로 속이거나 미룰 수 있는 게 아니었다.

○

너무 사랑해서 울어야 했던 밤이 있다.
어느 가을날 밤. 또 어떤 겨울날 밤.
무심한 밤. 또 넘치는 밤.

○

'귀댁 내 건강과 안녕을 기원합니다.'

이렇게 운을 떼는 편지를 받았다. 첫 줄의 바람이 무색했다. 이 상실감을 절망이 아니고서는 설명할 길이 없다. 절망으로 시작되는 이 길에도 한 송이의 풀꽃이 자랄 수 있을까. 이 길을 둘러보며 걸을 자신이 없다. 건강과 안녕을 비는 편지를 보낸 사람만 원망하는 밤이다.

○

　사람이 떠난 자리가 너무 크게 남는다. 아직 사랑을 보낸 자리를 메울 여력이 없다. 사랑이었던 이름을 말할 준비가 되지 않았는데 사랑이 될 사람의 자리를 마련할 준비가 됐을 리 없다. 낯선 사람이 계속 낯선 사람으로 남아야 하는 이유다.

　떠난 자리의 쓸쓸함을 바라보는 건 언제라도 익숙해지지 않는다. 그냥 잠을 청하거나, 떡볶이를 먹거나, 오래된 발라드를 멍하니 흥얼거리면서 시간을 보낸다. 그렇게 떠난 자리를 보낼 준비를 하는 것이다.

　떠나지 않고 남는 사람이 세상에 있을까. 그렇지만 그런 사람이 있었으면 하고 바라기는 한다. 혹은 떠나는 모든 것 앞에서 의연할 수 있는 마음을 바란다. 의연해진다는 것이 강해진다는 뜻은 아닐 것이다.

　낯선 사람을 언제까지 낯선 사람으로 두어야 할까. 새 이름과 자리를 언제쯤 마련해줄 수 있을까.

○

　미술 시간이었다. 가위로 예쁘고 반듯한 동그라미를 오리려고 했는데 비뚤어진 타원만 수북하게 쌓였다. 짝꿍은 컴퍼스로 동그라미를 그린 뒤에 가위로 자르는데, 컴퍼스를 두고 온 나는 계속 비뚠 동그라미만 만들게 될 것 같아 심통이 났었다.

　사랑 앞에 서 있는 지금 마음이 꼭 그때 마음과 닮은 것 같아서 어린 날의 기억이 떠올랐다.

　나에게 사랑은 마치 가위로 동그라미를 그리는 일 같아서 비뚤기만 하다. 모두 동그라미를 잘 그리는데 혼자서만 타원을 그리는 것 같은, 동떨어진 기분이 든다.

○

　　일하기 위해 살아갈까 봐 두려웠고 지금도 그렇다. 일할 걱정을 하면서 집요하게 잠을 붙잡거나 전날 밤 읽고 싶은 글을 그냥 덮게 될까 봐, 그것도 두렵다. 하루 다섯 시간. 소위 말하듯 '먹고 살기 위해' 최소한이라고 생각하는 노동을 하고 있지만 그 일이 나를 잡아두는 시간은 단순히 다섯 시간이 아닌 것 같다. 나는 얼마큼의 시간을 나로 살 수 있는지, 살고 있는지 잘 모르겠다. 하루 다섯 시간 정도는 내어줘도 괜찮은 걸까. 월세와 공과금을 내고, 사랑하는 이들에게 다만 작은 선물이라도 하기 위해 하루 다섯 시간 정도는 괜찮은 걸까.

　　조금 괴롭다. 무언가를 위한다는 게. 조금 괴로운 그 마음은 아무래도 사랑인 것 같다.

○

그 애는 더 이상 생선 가시를 골라내려고 노력하지 않는다고 했다. 노력하는 대신 입안을 찌르는 것이 느껴지면 그대로 뱉어내게 됐다고. 왜냐고 묻지는 않았지만 어쩐지 이유를 알 것 같았다. 이전에는 의미 있던 행동이 지금은 아무 의미 없는 일이 되어서는 아닐까. 맞은 편에 앉아 열심히 가시를 골라내는 모습을 보며 미소 짓던 사람이 없어져서는 아닐까.

나에게도 그런 일이 있다. 더 이상 의미가 없어서 노력하지 않는 일이. 나는 언젠가부터 익숙한 교차로, 익숙한 신호등 앞에 서도 건너편을 훑어보지 않는다. 버릇처럼 어떤 얼굴을 찾으려다 발끝으로 시선을 돌린다. 거기에는 더 이상 나를 기다리는 얼굴이 없다. 발끝만 보고 길을 건넌다.

노력이 없어진다는 건 사랑하지 않게 되는 것과 같은 말이 될 수도 있는 걸까. 그런 생각을 하면 조금 쓸쓸해진다.

○

    보고 싶단 말과 마음이 너무 간사한 것 같다. 보고 싶단 말을 차마 꺼낼 수 없어서 숨만 크게 내쉬는데, 내쉬는 숨에 가시가 박힌 것처럼 따끔거린다. 옆에 있을 땐 눈길 한 번, 말 한 번 건네는 데도 인색했으면서. 미안해서 보고 싶다고 말 못 하는 마음이 있다. 아주 크게 있다.

○

    하고 싶은 말을 종이에 옮겨 적는 일이 이렇게 힘든 일이었다니. 너는 편지란 원래 그런 거라고 했었지. 다 안다는 투의 말은 싫다고 했으면서 그 말 앞에선 왜 가만히 고개를 끄덕였을까.

    첫 번째 편지는 이렇게 마치려고 해.
    오늘은 날씨가 참 맑고, 바다가 예뻐서, 그래서 생각나고 보고 싶다고.

○

    환호 바다 앞 커피숍에 앉아서 제주의 남쪽 바다를 생각한다. 내내 그리워했던 제주의 남쪽과 그곳의 바닷가 마을. 그곳과 다르게 여기선 내가 앉은 자리와 바다 사이로 차가 많이 다니고, 그게 조금 마음에 들지 않는다. 그래도 이 바다를 사랑하게 될까. 그렇게 된다면 아마 여기에 머물 수 없겠지. 지금껏 내가 사랑했던 것은 모두 나를 떠났고, 그게 아니면 내가 떠나버렸으니까. 그러니까 이 바다를 사랑하지 않겠다고 말하는 건 좀 그런가. 그래도 이 바다를 사랑하게 될까.

○

    누군가를 사랑하게 될 것 같을 때 떠난다고, 잠시 다른 걸 사랑하면 그 자리가 조금 작아지기도 한다고. 그렇게 말하는 내 손 마디를 문지르는 손가락이 있었다. 말은 없었고. 뭔가 묻고 싶어졌지만 묻지 못했다. 이름 붙이지 않아도 되는 이름으로만 남았으면 해서. 아무것도 남기지 않고 사라지면서 내가 붙여주었던 이름만 남기고 떠나는 사람이 미워서. 아무 이름도 붙이지 않으려고 아무것도 묻지 않았다.

○

　몇 달 전부터 방에 둘 조명을 골랐다. 장바구니에 담았다 빼기만 수십 번. 키가 큰 게 좋을 것 같기도 하고, 침대 옆 탁자에 올려 둘 수 있는 작은 게 좋을 것 같기도 하고, 이런저런 기능이 있는 게 마음에 들다가도 결국 단순한 게 나은 것 같아서 몇 달 동안 고르지 못했다. 그러다 조명 하나를 선물로 받았다. 키가 크고, 작은 전구 하나 큰 전구 하나를 끼울 수 있는 조명이었다. 조명이 생기니까 침대에 누워 책을 읽다 잠들 수도 있고, 너무 밝거나 너무 캄캄한 것 중에 하나를 고를 필요도 없어졌다. 너무 밝을 때도, 너무 캄캄할 때도, 버튼을 딸깍 누르면 편안한 불빛만 남는다.

　딸깍. 딸깍. 불을 켜고 끄는 건 이렇게 쉬운데 어째서 고르는 일은 그렇게나 힘이 드는지. 물건만 못 고르는 게 아니라 마음도, 말도 잘 고르지 못한다. 하물며 사람이야. 필요하다고 해서 덥석 집었다가 내려놓을 수가 없는 것이다.

○

또 기쁜 척을 했다. 누가 날 눈여겨보고 있다는 걸 알아채면 그렇게 된다. 그늘진 모습을 부끄럽게 여기는 걸까? 그렇지만 더는 그러고 싶지 않다. 그늘지고 어두운 나를 감추려고 기쁜 척을 할 때면 거리의 불빛이 머리 위를 비추는 것 같다. 머리 위의 가로등 불빛은 그림자를 더욱 선명하게 만들고, 불빛 주위엔 죽은 하루살이만 가득하다. 더는 기쁜 척도, 그 어떤 척도 하고 싶지 않다.

○

　낯선 사람과 낯선 이야기를 나누다 보면 선명해진 나를 발견할 때가 있다. 해 질 녘에 드러나는 어떤 실루엣처럼. 처음 만났고, 다시는 만나지 않을 사람과 나누는 대화는 바람 부는 방향대로 결을 내는 강물 같다. 누가 이름을 물었고, 나는 부르고 싶은 대로 부르라고 했다. 그 사람 입에서 나왔던 이름은 누가 남기고 간 이름이었을까?

○

    어디든 고요하고 아름다운 곳에
    누구든 고요하고 아름다운 사람 곁에
    머물다가
    떠나는 것
    떠나기 전부터 그리워하는 것

    (에 이름을 붙인다면?)

○

　　어떤 겨울밤을 지난 다음 날이었다. 간밤엔 꽤 들떴고 취했었다. 그리 친하지 않은 사람이 떠날 때도 남겨진 기분이 들던 나는 조금 우울한 마음에 시달리고 있었다. 마음이 울적할 때면 쓸데없는 것에 열중하면서 오래된 노래를 들었다. 하룻저녁 함께 맥주를 마시던 사람만 떠나도 얼마간 우울해지던 내가 사랑하는 사람과 이별한 후 오랫동안 다른 사람을 만나지 못한 건 별로 이상한 일이 아니었을 거다.

　　누군가와 서로의 출발점이 어디쯤인지 더듬어 볼 때쯤 세워두는 벽 같은 것이 있었다. 변명이나 도망칠 핑계 같은 거. 그런 건 중요한 게 아니라는 걸 모르지 않으면서. 그렇지만 또 나를 사랑할 사람은 바다를 좋아했으면, 혹은 숲을 좋아했으면, 말 꽃이 피어나는 순간을 알고 있었으면……. 어지럽게도 늘어놓는다. 그런 건 중요한 게 아니란 걸 알지만.

　　중요한 건 모두 어디로 가버린 걸까?

○

    그러니까 사랑은 너와 나의 일이기도 했지만 나와, 또 그냥 나의 일이기도 했다. 그리고 나와 세상의 일이면서 그저 세상의 일이기만 할 때도 있었다.

◯

　　말을 예쁘게 하는 사람이 좋다. 글자 하나만 바꾸어도 말의 냄새가 달라질 때가 있다. 그런 말 냄새를 알아채는 좁은 마음을 가져서 누군가 무심코 던진 말에 혼자 얼마나 끙끙 앓았는지 모른다. 그럴 때가 있었다. 말에 갇히기를 자처하던 때. 말이 만든 감옥에 갇혀서 며칠이고 굶는 것이다. 구멍에 맞출 열쇠는 손에 쥐고 펴지 않으면서.

　　말은 너무 빨라서 마치 종이 모서리에 베이는 것처럼 어느 순간인지도 모르게 상처를 낸다. 그래서 글이 좋다. 몇 번이고 고쳐 쓰곤 한다. 나도 모르게 담은 말의 날을 걷어내고, 조금 모자란 말을 채우고, 다 담지 못한 마음에 글자 하나를 바꾸어 보기도 하면서 더 알맞은 말로 만든다. 그것이 내가 사랑하는 방식이란 걸 안다. 그렇게 조금 더 알맞은 말을 써낼 때 피어나는 사랑을 느낀다.

　　그렇지만 한참을 헤매고도 다 고치지 못해서 부치지 못하는 편지가 있다.

○

　　하루의 틈을 내어 할 수 있는 일을 생각한다. 찌든 때 닦아내기, 옷장 정리, 지난 편지 읽기, 공원 산책, 바다에서 숲으로 이어지는 길을 걷기, 해변을 따라 걷다가 안주도 없이 맥주 한 캔을 순식간에 마시기, 해변의 모래를 손 틈새로 쏟아내기.

　　바다와 가까운 동네로 이사 온 후 좋은 점을 꼽으라면 하루의 틈을 채우는 일들이 바다에 가까워졌다는 것이다. 오른편에 바다를 끼고 걷다가 모래사장 위에 앉아 맥주를 마시는 것. 비릿한 냄새를 맡으며 이 길을 걸었을 한 사람을 떠올리는 것. 우연히 길 끝에서 마음속으로 그리는 얼굴을 만나길 바라는 것.

　　이 길의 끝은 바다, 아니면 숲, 그것도 아니면 사랑일 수 있을까. 나는 그저 걷고 있다. 이 길 끝이 바다거나 숲이기를, 아니면 사랑이기를 바라면서.

　　바다, 아니면 숲, 아니면 사랑.

○

　　물결 위에 비친 햇살을 보고 보석 같다고, 몽땅 주워 담고 싶다고 했던 날이 기억난다. 해가 진 이후에도 노란 가로등 불빛이 밤의 강물 위를 가득 채웠다. 그날의 낮과 밤이 잊히지 않는다. 지금도 물결 위의 반짝이는 빛을 보면 그날이 떠오른다.

　　내가 물결 위의 보석이라고만 말해도 이미 강 앞에 서 있는 사람을 사랑하고 싶다고 생각했다. 어쩌면 그 사람 눈에 강이 있을 것도 같아서. 그러면 언제든 반짝이는 것을 볼 수도 있지 않을까 싶어서.

○

    바다를 앞에 두고 잠시 말이 사라질 때가 있다. 너무 아름다워서인지, 누군가가 떠올라서인지, 눌러둔 슬픔이 터져 나올 것 같아서인지, 아니면 모두 다인지 알 수 없지만. 바다가 아니어도 그런 틈이 있는 하루라면 좋을 텐데. 바다가 아니어도 그렇게 작은 순간이 매일의 생활 안에 있다면 좋겠다.

○

    강가를 따라 걷다가 어떤 뒷모습이 보이는 곳에 자리를 잡고 앉았다. 가방에서 어저께 산 시집을 꺼내 들었고, 책장을 넘겨보지만 시선은 자꾸만 눈앞의 뒷모습으로 간다. 버드나무 밑에 앉아서 강을 바라보며 책을 읽는 사람의 뒷모습으로.

    누군가 앉아 있는 저 자리는 내가 강가에서 가장 좋아하는 자리다. 늘어진 버드나무 아래에 작은 벤치가 있고, 그 앞으로 강물이 흐른다. 거기에 앉아 책을 읽거나, 강물 위로 반짝이는 햇살을 눈에 담고, 부드러운 바람과 바람을 따라 결을 내는 강물을 보는 것이 하루 중 가장 사랑스러운 순간이었다. 그 순간을 다른 사람에게 뺏긴 것 같아 속이 상하면서도 어쩐지 다정한 마음이 자란다.

    내가 가장 사랑하는 것을 사랑스럽게 여기는 사람의 뒷모습은 아름답구나. 그렇게 생각하면 다정한 마음이 자란다.

○

　옛날에는 들뜨고 설레고 아득한 그런 게 좋았거든요. 놀이동산처럼. 그런데 요즘은 뭐든지 날 너무 들뜨고 설레게 만드는 게 싫은 거예요. 옛날에는 그런 게 사랑인 줄 알았어요. 특별하니까. 놀이동산에 가면 어딜 둘러봐도 반짝이고, 화려하고, 즐거워하는 소리가 가득하고, 모두 웃고 있고. 그게 행복인 줄 알았어요. 좋아 보였고, 늘 그렇게 황홀했으면 싶고. 그래서 내 사랑이나 연애나 삶 같은 게 꼭 놀이공원 같았으면 하고 바랐는데. 그런데 어느 순간부터 불편해요. 설레고 들뜨고 황홀하고 아득한 거요. 그런 건 금방 끝나니까. 그러면 그냥 원래 있던 자리로 돌아갈 뿐인데도 곤두박질친 것 같아요. 롤러코스터처럼. 그게 참 기분이 이상해요. 무작정 나를 꼭대기까지 끌어올렸다가 순식간에 아래로 잡아당겨요. 원래 자리로 돌아온 것뿐인데 왜 그렇게 허무한지. 너무 자극적이에요. 정신이 없고 울렁거려요. 반짝반짝 빛나는 불빛은 그날의 놀이동산이 문을 닫으면 죄다 꺼지는 거잖아요. 놀이동산이 싫어요. 날 너무 들뜨게 만들고, 끝은 금방 다가와요. 기다리는 시간은 너무 길고, 모든 감각은 마비돼요.

동네 공원에는 나무 몇 그루가 있고 군데군데 벤치가 있어요. 나는 들뜨지도 않고 설레지도 않아요. 편안하고 이완돼요. 급하게 변하지 않고요. 그래서 늘 똑같은 것 같아도 계절이 바뀔 때마다 천천히, 조금씩, 그러나 분명히 변해요. 그런 걸 알아차릴 때가 좋아요. 또 나를 들뜨게 하거나 설레게 하지는 않아도 가끔 며칠 전까지는 없던 꽃이 핀다거나, 비 온 다음 날 초록빛이 선명하다거나, 뺨을 스치는 바람이 부드러울 때, 편안하면서도 설레요. 그게 부드럽고 사랑스럽고 그래요. 설레지만 울렁거리진 않아요. 온기가 번지고 좋은 생각이 많이 떠올라요. 그러니까 나는 당신이 공원 같다면 좋겠어요. 나를 너무 들뜨게 하지 않는다면 좋겠어요. 가끔은 꽃을 피워주고요. 그뿐이에요.

○

  숲길을 걷고 있었다. 발밑만 보고 걸어야 겨우 넘어지지 않을 만큼 험한 길이었다. 발밑만 보느라 숲속을 둘러볼 틈이 없다고 투덜대는 내게 한 사람이 이렇게 말했다.

  '그럴 땐 조금 천천히 걸으면 돼. 넘어지지 않게 조심하면서. 숲을 걸을 땐 숲에서 나간 뒤의 일은 정해두지 않는 거야. 조금 천천히 걸어도 되게. 숲을, 나무를, 하늘을, 햇살이 드는 숲길을 마음껏 둘러봐. 냄새도 맡고. 흙냄새, 풀냄새. 소리도 듣고. 나뭇잎 부딪히는 소리가 어쩔 땐 파도 소리 같기도 하거든. 눈 감으면 꼭 바다 같을 때가 있어. 얼굴은 보여주지 않은 채 목소리만 들려주는 새소리, 흙길을 타박타박 밟는 우리 발소리도 듣고.
  빠져나가는 것만이 숲에 온 이유는 아니니까, 천천히 너를 둘러싼 숲을 지켜봐.
  숲에 들어온 건 아마도 조용히, 가만가만 둘러보며 걷기 위해서가 아닐까?'

  나에겐 숲 이야기가 사랑 이야기로 번역되어 들렸다.

'사랑을 할 때 사랑이 끝난 뒤의 일은 정해두지 않는 거야. 사랑이 만드는 작고 작은 결까지 마음껏 둘러보는 거야. 빠져나가는 것이 사랑을 시작한 이유인 건 아니지? 천천히 너를 둘러싼 사랑을 지켜봐. 사랑을 하게 된 건 아마도 조용히, 가만가만 둘러보기 위해서가 아닐까. 그 사랑을, 사람을.'

○

　　오늘 낮엔 모두 여섯 자의 '시'가 적힌 책들을
옆구리에 끼고 걸었다. 오늘과 내일이 시가 되길
바라면서. 그저 옆구리에 끼고 걷는 것만으로도 시를
읽는 마음이, 시를 쓰는 마음이 됐으니 다음에
한 사람을 만날 땐 '시'라는 낱말이 적힌 책을
선물할까 한다. 그의 오늘과 내일이 시가 되기를
바라면서.

○

    나뭇잎이 바람에 살랑거리는 초록의 떨림을 본다. 연인의 머리카락을 넘겨주는 것 같은 부드럽고 사랑스러운 바람이 불고 있다. 부는 바람에 부드럽게 떨리는 나뭇잎과 여린 가지를 보면서 이런 생각을 한 사람이 어디 나뿐일까. 그렇지만 내가 이런 걸 보았고 사랑한다는 걸 말해주고 싶은 한 사람이 있다.

○

　여기까지 온 김에 바다를, 나무를, 사랑스러운 풍경을 천천히 둘러보라고 했었지. 우리가 우연히 함께 바닷가를 걷게 됐을 때 네가 나에게 말이야. 그렇지만 눈길을 모으고 사랑을 이루는 풍경 하나둘쯤 놓치더라도 괜찮았을 거야. 그때 나는 너만 알아차리길 바랐을 테니까.

○

    웃음꽃이 핀다는 말을 곰곰이 되풀이해 본다. 웃는 얼굴이 얼마나 예쁘면 꽃이 핀다고 했을까. 내 얼굴에도 웃음꽃이 자주 피는지는 모르겠지만 말꽃이 피는 때는 알고 있다. 그 순간이 특히 사랑스럽다. 누군가의 입에서 나온 말이 흰 꽃이 되어 가슴에 피어나고 조용히 번지는 순간이.

    말꽃을 피우는 사람이고 싶다. 그래서 내 앞에 있는 한 사람의 마음에도 꽃이 번진다면 좋겠다.

○

    '밤'이라고 말하는 한 사람의 입 모양과 소리와 표정을 좋아한다. 어린애처럼 입을 작게 모으고서는 밤바다에 서 있는 것 같은 목소리로 '밤'이라고 말하는 사람.

○

아무도 없는 바닷가 앞 커피숍에 혼자 앉아 있다.
내 앞의 블라인드만 걷어 두었기 때문에 내 자리만이
쏟아지는 빛을 받아내고 있다. 조금 눈부시게,
찡그리게, 덥게 하는, 그래서 소매를 걷게 하는
이 빛이 싫지 않다. 나를 조금 눈부시게, 찡그리게
하고, 덥게, 그래서 소매를 걷게 하는 것은 빛뿐이
아니다. 사람도 그런 사람이 있다. 쏟아지는 빛 같은
사람.

○

    눈앞의 바다는 잿빛이다. 하늘이 어두울 땐 바다도 별다른 수가 없다. 나는 눈앞의 바다가 하는 것처럼 한 사람의 색을 받아서 담아두었다. 그건 내가 그를 사랑한다는 표시일까.

○

    바람이 만드는 바다의 결을 보면서 한 사람을 생각한다. 돌연히 불어온 사람, 그 사람이 만들어 낸 나의 결이 어떤지를. 다정한 사람이 부드럽게 불어왔을 때 나에겐 어떤 결이 새로 생겨났는지를.

○

　　네가 나를 낯설어 하면 좋겠어. 내가 처음 너에게 인사했을 때처럼 나를 보면 좋겠고, 전화기에 반짝이는 내 이름을 보고 눈을 돌리지 않으면 좋겠고, 늦은 밤 잠든 사이에 놓쳤던 내 이름을 새벽에 발견하고선 아침이 될 때까지 나를 생각하면 좋겠어.

　　창밖의 나무는 어제와 또 다르다. 며칠 전엔 하얀 봄꽃이 만발했었는데 지금은 푸른빛만 가득해. 내가 창밖의 풍경을 계속해서 사랑하게 되는 이유는 낯설게 보기 때문이야. 매일 보는 풍경이라고 해서 대강 스쳐 지나지 않는 것. 그러니까 내가 창밖을 보는 것과 네가 나를 보는 것이 다르지 않으면 좋겠어. 낯설게, 깊고 내밀하게, 내 안에 넘치는 푸른빛을 알아채 주면 좋겠어. 이렇게 유치한 마음을 꺼내봐도 되는 걸까.

○

　빛이 잘 드는 창 앞에 앉아 잎의 그림자를 본다. 아름다운 건 그림자마저 아름답다고. 그런 생각을 했다.

　또 너는, 너의 그림자는.

○

　　조용하고 오래된, 사랑스럽고 우아한 곳에 앉아 있다. 발끝에 닿는 오래된 마룻바닥이 주는 질감이, 창 너머의 소박한 정원이, 커피를 볶고 천천히 갈아내는 소리가, 또 냄새가. 찻잔이 달그락거리는 소리와 주전자에서 흘러나오는 좁은 물줄기가 만들어 내는 운율이, 오래된 장식품과 은은하게 흐르는 클래식과 재즈 음악이 나를 여기에 머물게 한다. 조용하고 오래된, 사랑스럽고 우아한 이곳과 닮은 한 사람이 떠올랐다. 오래 머물고 싶은 사람. 언제까지고 그러고 싶은 사람.

○

   늘 창을 통해서만 바라보던 곳에 돗자리를 깔면 어떨까. 생각했던 만큼 좋지 않을 수도 있겠지. 충분한 그늘이 모자라 더울 수도 있고, 달려드는 벌레에 여유를 방해받을 수도, 거세게 부는 바람 때문에 느긋하게 책장을 넘길 수 없을지도 모른다. 그렇지만 상상과는 다른, 낭만과는 거리가 먼 상황마저 사랑스러운 순간이 있지 않을까? 나는 그런 순간들이 모여 사랑을 이룰 수 있다고 믿는다.

○

　날씨가 무척 맑은 날에, 스파게티 용기에 치즈가 눌어붙어 있을 때, 가방에 작은 간식을 챙겨 집에 돌아가는 길에, 걸어가는 길에 라일락이나 아카시아 냄새가 난다거나 빨간 산수유 열매를 발견했을 때, 손잡고 걷는 뒷모습을 보거나 뛰는 발걸음을 사랑스럽게 좇는 눈빛을 알아차렸을 때. 생각나는 사람이 있다. 그러니까 거의 모든 순간에 떠오르는 사람이 있다는 말이다.

○

　　할머니는 하루에도 스무 번은 넘게 손을 닦았다. 묻은 게 하나도 없는데도 지저분한 게 묻은 것처럼 손을 박박 닦았다. 손은 점점 텄고, 만지기에 마음이 쓰릴만큼 하얗게 일어났다. 무엇을 그렇게 닦고 싶어 했는지 모르겠다. 그 행동과 마음을 이해하게 되는 날이 올까? 손을 닦던 할머니 마음과 글을 쓰는 내 마음이 비슷할 수 있을까. 묻은 것 없는데도 자꾸 닦고, 뒤로 감추게 되는 마음이다. 이해로 다가가는 마음은 원래 이렇게 쓰라린 걸까. 이해로 다가가는 마음도 사랑과 닮았을까.

○

　이어폰을 두고 나와서 새로 하나 샀다. 소란한 틈에 있더라도 나를 잃지 않기 위해서다. 향이 좋은 커피를 한 잔 주문했다. 종이로 걸러서 기름기가 적은 커피를 좋아한다. 그리곤 사소한 멋을 즐길 줄 아는 이의 수필을 읽었다. 열 줄의 사소한 이야기 끝에 한숨을 토하게 하는, 허공을 응시하게 하는 한 줄이 있는 글을 좋아한다. 어쩐지 인생도 그렇지 않을까 싶어서.

　이다음엔 바닷길을 걸을 것이다. 뭍과 물이 만나는 곳을 말없이 걸을 것이다. 성난 파도보다는 잔잔해서 고마운 파도가 찾아들길 바라면서. 바다로, 바다로.

　내가 사랑하는 분위기를 만들어 가는 힘은 나에게 있다. 사랑을 이루는 순간을 만들고 간직하는 건 내게서부터. 또 당신에게도 닿기를 바라는 마음.

○

가장 사랑하기 힘든 것을 사랑하며 살길.

예를 들면 지금.

그리고 바로 지금의 나.

○

　글을 이루는 것이 나이고, 나를 이룬 것은 사랑이기에 어떤 글감으로 쓰더라도 사랑이 묻어났다.

　글에 띄엄띄엄 묻은 사랑을 고요히 매만지고 있으면 해 질 녘 냇가를 향해 앉았던 여름날의 풍경이 눈에 선했다. 낡고 촌스러운 빨간 의자에 나란히 앉아 함께 부채질하던 여름날. 끊임없이 흔들리던 물결의 반짝거림.

　그렇게 사랑은 시선 끝에 머물렀던 풍경으로, 또 어떤 날엔 어느 이의 입가에 맺혔던 미소로 계절 속에 녹아 있다. 그리하여 모든 계절이 사랑이었다.

○

    구분하는 일에는 도무지 능숙해지지 않는다.
길을 걷는 일, 둘러보는 일, 한 사람의 두 눈을 빤히
쳐다보는 일도 모두 사랑으로 느껴진다. 나에게
사랑인 것과 사랑 아닌 것을 구분하라고 한다면
어떻게 해야 할까? 모두가 사랑이라고 말하는 수밖에
없겠지. 눈동자에 비치는 모든 것이 사랑이라고 하는
수밖에.

○

 수많은 질문에 대한 답을 찾으며 살고 있지만 정작 답을 얻은 적은 별로 없다. 캄캄한 길이 끝없이 이어진다.

 캄캄한 이 길에 작은 불빛 하나 없어도 계속해서 쓰는 이유는 더디더라도 언젠가 닿고 싶은 마음이 있기 때문이다.

○

　나 네 살 때, 마닐라에 살 때요. 다 같이 수영장에 자주 갔어요. 내 자리는 언제나 풀장 들어가는 계단 위였고요. 언니랑 또래 친구들이 겁쟁이라고 놀렸던 기억이 나요. 지금껏 물놀이를 즐겼던 적은 거의 없어요. 튜브나 구명조끼 같은 걸로는 그 많던 겁이 다 사라지지 않았으니까.

　얼마 전부터 수영장에 다니고 있어요. 다른 사람들은 네 번째 온 날이었는데 저만 첫 시간이었어요. 무서워서 세 번이나 빼먹었거든요. 선생님이 물속에 머리를 집어넣을 수 있냐고 묻길래 하얗게 질려서 못 한다고 했는데. 세 번째 간 날엔 선생님 손 없이도, 킥판 없이도 혼자 물에 뜰 수 있게 됐어요. 주 5일 반인데 보름 동안 세 번을 갔어요. 겨우 세 번이냐고 할 수도 있는데 나한테는 겨우가 아니라 세 번이나 간 거예요. 얼마나 용기를 낸 건데요. 알잖아요. 내가 물을 얼마나 무서워했는지.

　수영복을 입고 나오면 같은 초급반 할머니들이 오랜만에 왔다고 박수도 쳐주고, 발차기를 해보라면서 잡아주시기도 해요. 선생님한테 일대일 특강도 받고요. 네 번째 간 날엔 발차기도 조금 할 수 있으면 좋겠어요. 운전도 배워요. 이제 시험만 치면 되는데, 처음 도로에 나갔던 날 아무도 안 끼워주는 거 있죠. 좀 끼워주지.

    못하는 게 너무 많아서, 겁도 너무 많아서 매일매일 아주 조금씩 배우면서 지내고 있어요. 다음 달쯤엔 헤엄도 칠 수 있을지 몰라요. 집 근처 바닷가까지는 혼자 운전해서 갈 수 있을지도 모르고요. 알려주고 싶어서요. 자랑하고 싶어서요. 잘했다고 해줄 것 같아서. 그냥. 그래서.
또 자랑할게요. 거긴 어때요? 궁금한데. 꿈에서라도 답장해 주세요.

○

　　오늘은 오랜만인 사람을 마주쳤고, 우연함에 기대 별 이야기를 다 했다. 오랫동안 기다려 온 이야기. 그래서 누군가를 기다리는 것도 누가 나를 기다리는 것도 버겁다는 이야기. 모두 사랑이라고 여긴다는 이야기. 그래서 모든 것에 취약하단 이야기. 참기 힘든 것을 꾹 참는 것이 나를 괴롭게 한다는 이야기. 무언가를 책임지는 일도 사랑과 닮아 나를 괴롭게 한다는 이야기. 줄곧 그리워한다는 이야기. 돌봄과 상실에 대한 이야기.

　　그때 그 사람을 마주친 것이 다행이라고 생각했다. 늘 곁에 있는 사람들에겐 무거울까 하지 못하는 이야기를 그 사람은 어깨에 짊어지지 않고 다만 두 귀와 두 눈으로 들어줘서, 나를 사랑하는 사람에겐 무거웠을 이야기를 조용히 들어줘서 고마웠다. 그 사람이 나를 사랑하지 않는다는 사실이 다행으로 느껴졌다.

　　사랑하지 않아서 안도하다니. 나는 정말 모두 사랑이라고 여기긴 하는 걸까. 그저 사랑에 가까운 척하고 싶었던 건 아닐까. 다행이라고 여기면서도 한편으로는 새하얗게 남은 잿더미에 파묻힌 것처럼 마음이 새하얘졌다.

○

  '오늘은 파도가 높습니다.'

  그날 쓴 편지의 첫 마디였다. 물거품이 높게 치솟는 것을 보는 동안 가장 깊은 구석에 가라앉아 있던 마음 하나가 울컥 튀어 오르던 중이었다.

  대부분의 날에 편지를 썼다. 파도가 잔잔한 날과 파도가 높게 솟구치는 날에, 바닷가를 걷거나 나무 아래에 돗자리를 편 날에, 하늘이 맑은 날에, 그래서 눈물이 나거나 웃음이 날 때도 편지를 썼다. 대부분의 날엔 파도가 잔잔하길 바랐다. 오늘의 내가 고요하길, 그러니 파도도 고요하길. 오늘의 파도가 고요하길, 그러니 나도 고요하길.

  그날은 파도가 높았다. 나는 고요하지 못했고 그날 쓴 편지는 부칠 수 없었다.

○

    바다 앞에 서면 말이 없어지는 때가 찾아온다. 왁자지껄한 말소리가 이어지다가도 곧 줄어들고, 물결이 흔들리는 모습에 시선을 빼앗기고, 가늠하기 힘든 수면의 아래와 수평선 너머를 바라보면서 남은 말을 모두 빼앗기고.

    말을 빼앗기는 건 바다 앞에서만이 아니다. 나를 바라보는 한 사람의 시선 앞에서도, 그 입에서 나온 말 앞에서도 나는 말을 잃은 채 한참을 서 있곤 했다.

○

　찰나 같이 찬란하다는 말들을 한다. 때로는 변해가는 것들을 붙잡고 싶다. 세월, 사랑, 봄꽃, 어떤 눈빛, 젊음. 왔다가는 또 사라지는 것들을 그리워하고 아쉬워한다. 떠올리고 추억하는 일은 그를 원래보다 더 아름답게 만드는지도 모르겠다.

　그러나 이제는 이런 것을 더욱 시선과 마음에 붙잡아 두고 싶다. 늘 그 자리에 있는 것, 작은 것, 알아차리기 힘든 것, 사소하고 어쩌면 초라한 것. 옆구리에 붙어 웅크리고 누운 까만 개, 늘 그곳에 있을 줄 알았던 작은 뒷산, 나무, 꽃, 사랑하는 할머니와 함께 누웠던 겨울날의 단칸방 같은 것. 늘 우뚝 서 있을 것 같았던 뒷산은 허리를 잘렸고, 용계리의 마당에 있던 나무도 모두 베어졌다. 할머니는 돌연 우리 곁을 떠났고, 언젠가 나의 까만 개도 내 곁을 떠나겠지.

　이런 생각은 잠시 접어두고 다시 떠올려 본다. 좋아하는 물가의 커다란 나무, 가지 끝의 이파리, 풀꽃, 옆구리의 온기, 좋아하는 사람의 미소, 크고 주름진 손, 여린 바람. 손에 닿는 가깝고도 작은 것들, 잃게 되면 반드시 그리울 것들을 조금 더 아끼고, 마음속에 가까이 시선에 더 깊이 담아내고 싶다. 지금 내 앞의 작은 바다도.

○

바다에서 숲으로 이어지는 길을 걷는다. 기억의 조각을 모아 모양을 맞추어 보며. 늦은 사랑을 두고 온 탓에 자꾸 뒤돌아보며.

○

　제주의 어느 해변을 걷다가 반짝이는 유리 조각을 주웠다. 바닷물에 젖어 햇살을 받은 유리 조각이 꼭 보석처럼 아름다웠다. 버려진 병이 오랫동안 자갈 위를 구른 세월의 결과는 이렇게 아름답구나.

　이런 조각을 모아 가공한 뒤 목걸이로 만든다는 이야기를 들은 적 있다. 버려진 순간에 그저 쓰레기에 불과했을 빈 병이 오랜 시간이 흐른 후에 누군가의 목에서 반짝이게 되는 것이다.

　내 하루도 그랬으면 한다. 내 하루의 특별하지 않은 조각들도 긴 시간 자갈 위를 구르고 나면 아름다운 조각이 되어 내 목에서 반짝일 수 있을까?

　한 사람을 향한 내 마음도 오랜 시간 뒤엔 햇살에 반짝이며 그의 목에 걸릴 수 있을까? 그런 생각을 하면서 오늘의 우연한 조각을 매만진다.

○

　그때쯤엔 피자집에서 배달시킨 스파게티 용기에 붙은 치즈를 보고도 돌연 슬픔에 빠졌다. 치즈를 조금씩 떼어내다가 이렇게 하더라도 모두 떼어낼 순 없겠다는 생각이 들어 엉엉 울어버렸다. 그리곤 포기했다. 가장자리에 눌어붙은 치즈는 한 사람 같기도, 한 사람이 남긴 기억 같기도, 사랑 같기도, 후회 같기도 했다. 결국 다 같은 말일까? 그 사람과 그 사람에 대한 기억이 모두 사랑이고 후회였으니까.

　결국 다 같은 말인데 이런저런 낱말과 문장을 헤매는 것이 마치 사람 같기도, 사랑 같기도, 삶 같기도 하다는 생각이 든다. 매일을, 그렇게 평생을 같은 자리와 사람 사이를 돌고 돌며 헤매는 건 아닐까.

　나는 '언젠가 닿을 수 있겠지'라는 만약의 문장을 손에 쥔 채 길을 나서고 사랑을 쓴다. 헤매는 글과 사랑이 언젠가는 닿지 않을까 바라면서.

○

    마침인 순간을 눈길을 모아 바라본다. 마침 시원한 바람, 마침 들리는 고운 소리, 마침 곁에 앉은 사람. 그것들을 늘 좋아하지만 과히 몰입하지 않는다. 그래야지 또 알맞은 것을 알맞게 알아차릴 수 있다.

○

　　얼마 전 그림 과외를 시작했다. 그림 선생님은 꽤 엄격하다. 크로키북을 넘기고 날짜를 적는다. 어젯밤 갈피를 끼워두었던 잡지의 면을 잘 펴고, 연필의 흑심과 거친 종이의 면이 스치는 소리를 들으며 오늘의 정직한 한 장을 채운다. 대단한 각오나 목표는 처음에도 없었고, 지금도 없다. 그저 나와 함께 사는 까만 개를 그려보겠다는 사소한 각오였는데, 처음의 각오는 어디에 가고 매일의 숙제를 따라가기 바쁘다. 말하자면 길을 잘못 든 것이다.

　　잘못 든 길에도 풀꽃은 핀다. 그 길 끝에는 사랑이 남고. 분명 이 길에도 풀꽃이 피고 어느 구석쯤엔 사랑이 묻어 있겠지. 그러니 다만 걷는 것이다. 가만가만 둘러보며. 풀꽃과 사랑.

○

    서랍을 열어 봉투와 종이를 꺼내 모든 계절을
받아 적었던 펜으로 오늘은 비가 많이 내렸다고,
달콤한 과자를 사 먹었고 너무 달아서 눈물이 났다고.
그렇게 두서없는 말을, 기약이 없어도 좋을 말을 쓸
것이다. 지금은 가을이니까, 지금에서 가장 먼 여름이
좋겠다. 여름이 오면 지난 계절을 모두 모아 편지를
부쳐야지. 사랑한다고. 많이 많이. 아주 많이
사랑한다고.

○

　어딘가 아름다운 구석이 있을 거라고, 그렇게 대답하면 될까요? 나는 그렇게 믿고 있습니다.

○

　불쑥불쑥 찾아오는 작은 불안들에 마음을 송두리째 빼앗기지 않으려면 믿는 마음이 필요해.
　나를, 너를, 내일을.
　내 마음을, 네 마음을.
　내일의 나와 너를.
　너는 찡그린 내 미간에 손가락을 뻗으면서 조용히 말했다.

2부
그래도 될 것 같은 마음

note 착실한 사람
note 그래도 될 것 같은 마음
essay 마음을 푹 놓고 보내는 여름
note 착실한 망나니가 되고 싶어

착실한 사람

○

스스로의 착실함을 싫어하게 된 데는 일종의 배신감이 한몫했을 것이다. 사람에게, 또 우리 사이에서 생겨난 약속에 착실했던 내가 외면당한 것에서 비롯된.

○

내가 착실한 사람이란 걸 들키고 싶지 않을 때가 많다. 불안해서일 것이다. 계속 기다리게 할까 봐. 넌 착실한 사람이잖아. 오래 기다릴 수 있잖아. 그런 말을 꽂고서.

○

나의 착실함을 여과 없이 드러내도, 몽땅 들켜도 무섭지 않은 얼굴들을 금방 떠올릴 수 있다.
믿음이다. 다시 내가 착실한 사람이 될 수 있게

하는 믿음. 이 얼굴들도 멀어지겠지. 그러나 완전히 사라지는 건 아닐 것이다.

○

그런 사람들에게만 보여주는 모습이 있다. 보여준다고 했지만 사실은 '보이게 되는'이 더 맞는 표현일 것이다. 나도 모르는 사이에 이미 그러고 있는 것. 조금 부끄러운 모습도 기꺼이 내보인다.

○

그런 말이 있다. 누군가 찍어준 사진이 예쁘게 나왔다면 그 사람이 나를 그런 시선으로 보고 있기 때문이라는 말. 일리가 있지만 나에게는 그 사람이기 때문에 그런 표정이 나온다는 말이 조금 더 맞을 것 같다. 어떤 얼굴은 꼭 정해진 사람들 앞에서만 나온다.

○

올해는 안 하던 걸 해보겠다고 선언하다시피

말했다. '선언하다시피'라는 말이 붙은 이유는 맥주 세 잔을 마시고 조금 들떴던 탓이다. 그래도 될 것 같았으니 그랬겠지. 들떠서 무언가 선언하는 식의 행동은 잘 하지 않는다. 들뜬 나를 별로 좋아하지 않기 때문이다. 그러나 이미 지난 들뜸에 굳이 매달려 있지는 않기로 했다. 그래도 될 것 같았으니 그랬겠지. 좋아하는 사람들 앞이었다.

안 하던 걸 해보겠다는 건 결국 용기에 대한 문제다. 용기가 부족한 나는 아주 사소한 변화를 만들 때도 많은 용기가 필요하다. 최소한의 에너지로 최대한의 출력을 뽑아내야 하는 효율 게임에서 나는 언제나 패배자다. 가성비가 떨어지는 것이다. 겨우 요만큼의 변화를 만들 때마다 큰 용기를 내야 하는 건 아무래도 비효율적이니까.

그러나 어디 사람 사는 문제가 효율이나 가성비 같은 말로만 설명이 되는 문제인가. 그렇게 기준이 굳고 단단해진 자리들을 볼 때마다 마음 구석이 허전하다. 그러니까 내가 용기를 내서 변화를 만들면 나를 자라게 할 일, 그런 것을 바꿔보고 싶은 것이다. 무작정 바꾸기만 하면 되는 게 아니라, 내가 발휘하는 것이 용기인지 아닌지가 기준인 것.

○

 사실 무진장 작은 일이었다. 시집 사기, 소설 읽기, 일부러 돌아가기, 말 걸기, 글쓰기 워크숍(이건 좀 큰일이긴 했다), 전화 걸기, 마음을 이야기하기, 운전, 바다에 들어가기, 물에 머리 집어넣기, 물에서 팔다리 움직이기, 수영, 매운 떡볶이 먹기, 청취자 되기…….

○

 기쁨. 믿음. 행복. 사랑. 이런 이름을 가진 사람을 괜히 조금 더 좋아한다. 기쁨의 기쁨, 믿음의 믿음, 행복의 행복, 사랑의 사랑과 같은 장면을 가까이서 지켜보고 싶어서. 아니면 장미와 장미, 나무와 나무, 여름의 여름, 새벽의 새벽 같은 장면을.
 그런 이음새가 좋다. 생각하면 좋아진다. 슬며시 좋아지는 그건 낮잠을 푹 자고 일어난 오후의 기지개와 닮았다.
 기쁨의 기쁨도, 행복의 행복도, 사랑의 사랑도, 믿음의 믿음도 목격한 적이 있다. 그중에서 가장 알아차리기 힘들었던 건 믿음의 믿음이다.
 믿음의 믿음은 아주 조용한 가운데 발견됐다.

둘러싼 소란에도 개의치 않고 어깨에 얼굴을 묻고
잠든 모습 속에서. 나는 조용히 그의 믿음을
바라보다가 얼굴을 묻고 잠들고 싶다고 생각했다.

○

　야외가 가진 힘을 안다. 이불 위에 누웠을 때와는
분명히 다른 종류의 누그러짐, 풀어지는 기분. 햇볕을
쬐고 있으면 고양이라도 된 것 같다. 누군가 목을
긁어주는 것 같은 기분이라고 할까. 그대로
고요해지고 싶은 마음보다는 골골송을 부르고 크게
기지개를 켜고 싶어진다.
　춥지도 덥지도 않고 흐리지도 아주 뜨겁지도 않은
바깥의 기운은 사람을 충만하고 평화롭게 만든다.
사람뿐일까. 동물과 나무, 풀꽃에게도 그렇지 않을까.
바깥의 기운은 사람과 사람을 둘러싼 것을 자라게
만든다.

○

　오래된 도시에서 쓰고 있다. 새 책을 만들 궁리를
하고 있다. 새로운 사람들을 만나고 새로운 생각을

한다. 저 큰 무덤을 둘러싼 오래된 이야기가 많겠지만 지금, 여기. 내 옆에서 생겨나는 이야기가 훨씬 선명하다. 이 오래된 도시에서 새로운 생각을 하고, 새 사람들을 만나고, 새 이야기를 만들어 나가는 것이 즐겁다.

○

걷고 있으면 자연스럽게 무언가를 빌게 된다.
눈을 감은 마음이다.
대단한 것을 빌지는 않는다. 이루어지지 않을 것을 빌지는 않는다.
떠올려 보면 어린 시절은 이루어지지 않는 것투성이였다. 내가 바라는 것들이 하나도 이루어지지 않아서, 그래서 이런 사람이 됐는지도 모른다. 대단한 것을, 이루어지지 않을 것을 비는 대신에 가만히 두어도 그렇게 되고야 마는 것을 비는 사람이.

○

 가끔은 하필 이런 사람이 나라는 게 하소연하거나
따져 물을 곳도 없이 외로운 사건이어서 마음만도
안 되겠냐던 사람의 말을 빌려 스스로를 채근한다.
마음도, 마음만도 안 되겠냐고. 왜 더 바라지
않느냐고. 가져 본 적 없는 것을 바라는 건
자연스러운 마음일 텐데 왜 가져 본 것 중에서만
바라는 거냐고. 끝내 가질 수 없게 되더라도
마음만 먹어보는 것도 안 되느냐고. 왜 하필 이런
사람이냐고.

 그렇게 나에게 물을 때는 빛도 사람도 없는
캄캄한 바다 앞, 모래에 발을 푹푹 빠뜨리며 걷는
기분이다. 그 바다는 고요하지도 아름답지도 않고
적막 중의 적막이다. 그런 적막은 편안하지 않다.
오히려 두려움에 가깝다. 홀로 남은 인간이 가지는
공포에 맞닿아 있다. 외로움이 웅크리고 누운
고양이의 등처럼 여리고 눈길이 가는 마음이라면,
인간이 정말로 혼자라고 느낄 때 찾아오는 감정은
외로움이 아니다. 다만 두렵다.

○

아침이 오기를. 내일도 이 길을 걸을 수 있기를. 이런 것들만 조용히 바라는 마음.

○

할 말이 별로 없을 때보다 할 말이 너무 많을 때가 더 어렵다.

○

슬픔을 고백하는 것과 불행을 고백하는 것 중 나에게 더 어려운 것은 전자다. 슬픔을 고백할 때는 용기가 필요하다. 용기를 내어 슬픔을 고백하면 나를 껴안아 주거나 머리를 쓰다듬어 주는 온기를 얻을 수 있어서 나는 용기를 내어 슬픔을 고백한다. 전화를 걸거나 메시지를 남길 때도 있고, 일기를 적어 SNS에 올리기도, 슬픔으로 가득 채운 책을 만들기도 한다. 그러다 보면 더 큰 용기가 생겨 가끔은 울기도 한다.

어떤 문장이 너무 슬퍼서. 용을 쓰고 이런저런 일을 하다가 힘을 풀고 나니 슬퍼서. 그럴 땐 용기를 내서 조금 운다. 울음은 슬픔을 고백하는 하나의 수단이다. 이것을 자주 사용하기엔 '필수 용기값'이 꽤 크다. 나는 용감한 사람이 아니고, 그래서 울고 싶을 때마다 울 수는 없다.

    불행은 어떤가. 불행을 고백할 때는 필요한 것이 없다. 아무것도 없을 때, 잃을 것도 얻고 싶은 것도 없을 때, 비로소 내 입으로 불행을 고백할 수 있게 된다. 불행을 고백하는 나는 아무것도 없는 사람. 그러니 나는 불행을 고백하는 사람이 되고 싶지 않다. 아직은 잃고 싶지 않은 것도, 얻고 싶은 것도 많다.

○

    처음 만났고 다시는 만나지 않을 사람에게 나의 불행을 고백한 적이 있다.
    이름을 묻길래 부르고 싶은 대로 부르라고 했다.

○

    할 수 없는 말들은 결코 하지 않으려고 글을 쓰고 있는지도 모른다. 영원히 솔직해지지 않으려고. 나에게 있는 것을 다 보여주는 척해놓고선 정말로 보여줄 수 없는 것은 영원히 나만 가지고 있으려고.

이런 생각을 하는 동안 나를 둘러싼 건 슬픔이다. 색이 조금 어둡고 끈적한 종류의 슬픔.

그건 불행처럼 보일 수도 있지만 분명 불행이 아닌 슬픔의 카테고리에 속한다. 나에게 있었던 불행을 나의 언어로 꺼내놓을 용기는 없다. 이건 정말로 '필수 용기값'이 높은 일이다. 나 같은 사람은 그 값에 영원히 닿을 수 없을지 모른다.

○

불행을 고백해도 될 것 같은 예감이 드는 날이 올까?

그때의 마음은 슬픔일까? 또 다른 불행일까?

그래도 될 것 같은 마음

○

가만 생각해 보면 누군가 내게 온 것은 대부분 겨울이었다. 애인도, 오래 곁에 두어 사귀는 친구도, 까만 개도 다 겨울에 만났다. 초겨울과 한겨울과 겨울이 다 끝날 무렵에. 유독 겨울에 만난 상대에게 금방 마음을 붙이고 가까이 갔던 것을 보면 역시 누군가 오는 계절로는 겨울이 제격인 걸까. 아무래도 온기가 부족하니까.

그런 심심한 생각을 하면서 그렇지 않았던 사람도 찾아본다. 겨울이 아니라 다른 계절에 나타났지만 여전히 나와 함께인 사람들을. 그러니까 또 괜히 겨울에만 사람을 만나는 이상한 법칙에 사로잡히진 말자고. 겨울에 오든 여름에 오든 곁에 머물고 싶은 사람 곁에 머물겠다고.

쉽게 말하지만 쉬운 일이 아니라는 걸 안다. 그래도 겨울마다 온기가 좀 더 필요한 것은 사실이니 역시 겨울이 제격인가.

○

    기분 좋은 호감으로 시작된 관계가 한 단계 더 넘어서는 기준이 모두에게 있을 것인데. 나에겐 믿음이다. 믿음에 앞서는 사랑은 없다.

    그런 믿음의 작은 단위 중 하나가 바로 '그래도 될 것 같은' 마음이다. 안타깝게도 나에겐 이 작은 마음 하나도 쉽게 생겨나지 않는다. 그래도 될 것 같은 예감이 들 때도 나는 조금 슬픈 것 같다. 이럴 때의 슬픔은 색이 밝다. 환한 슬픔. 색으로 따지면 레몬색 같은 환함. 언젠가 용기를 내어 고백할 수 있는 슬픔. 내보여도 괜찮을 슬픔.

    그러면 안 될 것 같은 마음, 그건 얼마나 외로운 예감인지.

○

    글 쓰는 동료 몇몇과 경주로 가을 소풍을 갔다. 돗자리를 깔고 잔디 위에 누워 있다 보니 어느새 해가 졌다. p는 주위를 둘러보더니 '우리밖에 없네?'라고 말했다. 이 문장에서 물음표를 떼면 완전히 새로운 이야기가 시작된다.

'우리밖에 없네.'

그렇게 말하는 사람은 들고 나는 것에 민감한 사람이다. 그러니까 사람이 든 자리, 난 자리 할 때의 들고 나는 것. 장식장에 둔 작은 물건 하나만 사라져도 금방 눈치채는 그런 사람.

그런 그에게 아무도 대답하지 않았으면 좋겠고, 대답 없음이 결코 슬프지 않으려면, 침묵이 다정해질 수 있으려면, 그곳은 해가 잘 드는 바깥이거나 큰 유리창을 둔 안이면 좋겠다. 그럴 때 들리는 노래는 하필 이런 가사였으면 좋겠고…….

○

11월의 소풍이 끝나고도 우리는 종종 메신저로 대화를 나눴다. 아쉬운 마음이 여기에서 생겨나면 여기에서 말을 시작하고, 또 잠깐 끊어졌다가 저기에서도 아쉬운 마음이 이어졌다. 그렇게 네 명분의 아쉬움이 생겨나고 끊어지기를 반복하면서 우리는 한두 달쯤 더 이야기를 이어갔다. 계속 이어지기를 바라는 게 한쪽만이 아니라는 걸 확인하는 것도 나에겐 믿음의 영역이어서 이들을 좋아하는 것을 머뭇거리지 않기로 했다. 보고 싶다고

말했고, 또 같이 시간을 보내고 싶다고도 했고,
11월의 소풍이 자꾸 생각난다고도 했다. 누구도 나의
이런 말이 허공에 떠돌도록 내버려 두지 않았으므로
믿음은 조금 더 자랐다. 자란 믿음 위로 애정이
쌓이는 것은 당연한 순서라 세 명의 동료이자 친구를
마음 놓고 좋아할 수 있게 됐다.

○

    자기의 방식대로 따뜻하게 구는 사람들. 어제는
울고 싶었다는 말을 해도 가만히 고요한 사람들.
새로운 계절에 등장한 사람들. 되고 싶은 것이 될 수
있다는 희미한 희망, 이 작은 믿음을 더 공고하게
해주는 가을의 빛과 얼굴들.

○

    "우리에게 필요한 말이 아직 많이 남아 있어요."

○

    11월 경주 소풍을 가기 이틀 전, 경주에서 글쓰기 워크숍을 시작했다. 워크숍을 진행한다는 건 나를 제외한 모든 사람이 나를 쳐다보고 있는 와중에 내가 말을 한다는 것. 그것도 그냥 하는 게 아니라 용을 쓰고 말을 한다는 것. 그런 말을 너무 오랜만에 해서였을까……. 다음날 작은 공연에서 누군가가 부르는 노래를 듣다가 갑자기 울어버렸다. 슬픈 노래도 아니었는데. 이런 울음은 필수 용기값과 상관이 없다.

○

    노래하는 사람을 좋아한다. 노래하는 사람의 표정을 보는 걸 좋아한다. 쳐다봐도 된다는 사실, 그것도 좋아한다. 나는 잘 모르는 사람이 나를 빤히 보면 부끄러워하는 편인데 그래서인지 내가 잘 모르는 사람을 빤히 보는 것도 조금 부끄럽다. 설령 그 사람이 내 쪽을 보고 있지 않다고 해도 그렇다. 하지만 노래하는 사람의 표정은 너무 아름다우므로 나는 그를 빤히 바라보고 싶어진다.

○

그날의 공연장이자 새벽까지 책을 읽을 베이스캠프는 대구의 차방책방이었다. 차와 책이 있는 곳. 착실한 네이밍. 차방책방에 가면 두 자매가 나를 반겨준다. 동생인 재진 씨는 눈과 손으로만 반기지 않고 언제나 나를 꼭 껴안고 여기저기를 열심히 쓰다듬고 토닥여 주는데 그게 전혀 싫지 않다는 게 미스터리다. 그런 접촉이 조금도 침범처럼 느껴지지 않으니. 재은 씨와는 언젠가부터 '함께 노는' 사이가 되어 있었다. 언젠가 정신을 차려보니 우리 집에서 우리 개를 재워주고 있었던 사람.

우리는 가을에 경주에서 만났다. 경주 터미널 맞은편 형산강변의 주차장에서 경주는 주차장도 다르다며 감탄하고, 삼릉숲 앞에서 칼국수를 먹고 숲에 누워 이야기하고, 봉황대가 보이는 커피집에서 커피를 마시고, 봉황대 옆에 담요를 깔고 누워서 해가 질 때까지 얘기하다가 피자와 청귤에이드를 먹고 헤어졌다.

○

    차방책방의 두 자매를 좋아한다. 무엇보다 내가
사람을 좋아할 때 가지는 큰. 물음표인 '계속 함께
놀 수 있을까?'라는 질문 앞에서 언제나 머리 위로
커다란 동그라미를 그리는 두 사람. (이렇게
넘어가지만 계속 함께 놀 수 있는지는 정말로 정말로
중요한 문제다. 나는 언제나 계속 함께 놀 수 있는
사람을 찾고 있다.)

○

    경주에서 처음 글쓰기 워크숍을 한 다음 날,
노래와 이야기가 흐르는 차방책방에서 두 사람을
만나고, 시와 님의 노래를 듣고, 노래하는 시와 님의
얼굴을 오래 쳐다보고, 필수 용기값과 상관없이
터져 나오는 울음을 꾹 참고, 한 번 더 재진 씨를
껴안고, 사람들이 많이 돌아간 차방책방 구석에서
재은 씨에게 아까 너무 울고 싶었다고 말하고, 새벽
다섯 시까지 '새벽에 책방, 얼마나 좋을게요'의 마지막
생존자가 되었다가 깨끗하게 씻고 다시 경주로
소풍을 가는, 그런 일정이었다. 그게 어떤
의미냐면…….

○

　노래를 듣다가 불쑥 나온 울음이 용기와
상관없다고 한 것은 나의 큰 착각일지도 모른다.
거기는 차방책방이었고, 재은 씨와 재진 씨가 있었고,
시와 님이 노래했으니까. 그러니까 필수 용기값을
훨씬 넘는 용기가 나에게 있었던 걸지도 모른다.
'그래도 될 것 같은 마음'에서부터 차곡차곡 쌓인
용기가.

○

　다시 재은 씨와 숲에 누웠던 날의 이야기다.
10월이어서 많이 쌀쌀하진 않았다. 햇빛 아래에선
얇은 여름용 긴소매 티셔츠로도 충분하다고 느낄
정도였고, 숲에서는 담요를 걸치고 있기 좋은 기온이
었다. 나는 재은 씨가 편안했으면 해서 초록색
에어베드를 폈다. 오로지 바람으로만 모양을 잡을 수
있는 에어베드를 바람이 적은 숲에서 편다는 건
쉬운 일이 아니다. 우스꽝스러운 몸짓으로
에어베드에 바람을 넣는 나를 재은 씨가 휴대폰
카메라로 촬영했다. 나에게도 동영상을 보내주긴
했지만 한 번 크게 웃고 말았다. 저장하지 않아서

다시 볼 순 없지만 아마 재은 씨가 이 글을 보면 다시
동영상을 보낼지도 모른다. 나를 조금 놀리는 말투로.
그래도 괜찮은 사람. 우스꽝스러운 모습을 보여줘도
괜찮고, 그런 내 모습을 동영상으로 가지고 있어도
괜찮은 사람. 나를 조금 놀려도 괜찮은 사람.
나는 비스듬히 누워 계획 중인 글쓰기 워크숍의
커리큘럼을 읊었다. 그런 나를 항상의 눈빛으로
받쳐주는 사람. 이런 눈빛은 믿음의 사인이다. 나는
조금 떨렸고 또 조금 들떴었다. 그럴 때는 대체로
말을 아끼는 편이지만…….

○

    나와 재은 씨 사이에는 맥락 없는 대화들이 많이
흐른다. 어떤 말들은 둘 사이를 흐르다가 금방 다른
길을 찾아 멀리 흩어지기도 하고, 또 어떤 말들은
헤어진 후에도 오래 남아 있다. 남은 말들을 꼭 쥐고
집으로 돌아간다. 그러면 더 잘 돌아갈 수 있다.
이렇거나 저렇거나 재은 씨는 말로 나에게 급류를
만드는 사람이 아니어서 말이 금방 나를 지나가도,
오래 남아 있어도 범람할까 걱정하지 않는다. 그러니
어떤 대화를 나눠도, 그래도 괜찮은 사람.

○

　사실 내가 일부러 만나는 사람들이 다 그런 것 같다. 작은 믿음을 기반으로 삼은 애정이 있는 사람들. 하나하나 나열하고 싶지만 그런 건 또 조금 쑥스럽다. 어쩌다가 조금 들떴을 때, 그래도 될 것 같은 마음이 슥 올라오면 이 부분을 펼쳐서 보여줄 수 있을까. 그것도 좀 쑥스러울 것 같지만.

○

　자리 잡힌 한 편들이 아니라 단편적인 노트(메모)들을 모아 책에 싣는 것은 아직 덜 익은 걸 맛보여 주고 싶어서다. 뭔가를 담그면—이를테면 김치라든가— 익기 전에 거듭 맛을 보면서 무슨 말이라도 거들기 마련이다. '이거 맛 들면 진짜 대박이겠다'라든가, '아직 좀 짜지만 물이 나오면 딱 맞겠다'라든가. 그러니까 그렇게 좀 거들어 주기를 바라는 마음으로 노트들을 모았다.

　이 노트들을 여기에 담그기는 하지만 어떻게 맛이 들지 아직 잘 모르겠다. 언젠가 익기는 할지 그것도 잘 모르겠고. 아직 덜 익은 것을 나눌 수 있는 것도 일종의 믿음이라면 믿음일 것.

믿음은 관찰하기 아주 힘든 것. 나는 여기저기에 믿음으로 자랄지도 모르는 것을 뿌려둔다. 만약 관찰할 수 있다면 믿음이 자란 것이겠지. 그러니 덜 익은 문장들을 여기에 내어놓는다. 언젠가 내가 쓴 다른 글에서 알맞게 익어 나온 노트들의 조각을 발견한다면, '그새 익었네', '맛이 잘 들 줄 알았어' 같은 믿음의 발견으로 화답해 주기를.

○

"기꺼이 믿을 수 있는 마음은 용기에요. 미리 겁내지 않는 씩씩한 마음이요."

○

그렇지만 나는 비겁한 사람이라 주로 용기가 모자라고, 그런 나에게 믿는 마음을 자라게 하는 사람들이 와줬기 때문에(겨울이 아니어도) 가끔은 용감해지기도 한다.

○

"가끔 내가 좋은 사람일지도 모른다는 착각을 해요. 그런 착각은 대부분 내 안이 아닌 바깥에서 옵니다. 누군가 내 등을 쓸어주거나 의혹 없는 눈길로 가만히 이야기를 들어줄 때. 마음을 둥글게 굴려서 내 손에 쥐어 줄 때. 어쩌면 내가 좋은 사람일지도 모른다고. 그렇지 않고서야 이렇게 따뜻한 것을 나누어 받을 리가 없다고요."

○

경주에서 한 달 동안 함께 글을 쓰던 워크숍을 마쳤다. 내가 모은 것을 나누려고 모인 곳에서 너무 많이 나누어 받았다. 촌스럽고 취약한 사람은 워크숍 한 달을 하고도 마치 수상소감처럼 고백을 한다. 내가 그런 사람인 걸 인정하고 싶지 않아서, 티 내고 싶지 않아서 참을 때가 더 많지만 좋은 사람이 된 것 같은 착각이 들 때는 조금 덜 참고 덜 조심할 수 있다. 아무리 이런저런 법칙을 정해놔도 결국 그런 게 소용없는 순간과 사람이 있다.

사실 나는 어떨 땐 좋은 사람이고 어떨 땐 해로운 사람이기도 하다. 이번에는 나를 좋은 사람으로

만들어주어서, 허름하고 사나운 마음에 순하고 둥근
것을 잔뜩 안겨주어서 고마운 마음.

○

　사람을 싫어하는 사람에게 둥근 것을 냅다 안기는
사람들을 계속, 계속 만나게 되는 것은 정말로
큰 기적이 아닐까. 한 톨도 흘리지 않으려고 애써도
결국 꼭 쥐었던 손에 힘을 풀게 된다. 팔짱을 풀고
기꺼이 포옹의 자세를 취한다. 불가항력이다.

○

　믿음보다 사랑이 앞서서 무조건 믿어버리는 동안
나는 많이 착실했고 많이 불행했다. 몇 번이고 믿음이
꺾이는 동안에도 사랑을 멈출 수 없어서. 끝까지
불행했다.

○

　'그래도 될 것 같은 마음'이 부족할 때, 그럴 때도
가끔씩 그렇게 해볼 때가 있다. 반쯤은 실패다. 역시

그러지 말 걸 그랬다며 한껏 움츠리게 된다. 그러나 또 반쯤은 성공이어서 역시 그래 보길 잘했다고, 그래도 되는 거였다고, 너무 겁먹지 않아도 되겠다며 용기를 얻게 된다. 그러니 가끔은 '그래도 될까?' 싶을 때도 그렇게 해보는 인간이 되기. 너무너무 조심하지 말기. (되고 싶은 인간 되기 프로젝트 중)

○

 겨울 워크숍에서 각자의 여름에 대해 이야기했다. 가을에 여름을 떠올리거나 겨울에 봄을 생각하는 것은 별 의미 없는 습관 중 하나이다. 여름의 추억, 여름의 소리, 초조해지는 여름의 마음, 여름이 마냥 싫진 않은 이유, 여름을 나는 방식……. 사람들은 각자의 여름을 적어왔다. 나도 나의 여름을 적어 갔다.

마음을 푹 놓고 보내는 여름

 여름의 일을 떠올리면 괜히 눈이 부신 것 같아서 눈을 꼭 감게 된다. 여름의 일들은 어떻게 그렇게 눈부신지. 내게 있었던 일들이 아닌 것 같아 자꾸 아득해진다.

 태풍이 몰려오는 여름 바닷가에서 우리가 어떤 이야기를 했더라. 기억이 잘 나지 않는다. 오락가락하는 날씨 때문에, 숨을 쉬기가 벅찰 만큼 습한 공기에, 뜨겁다는 말로도 모자란 뜨거움에, 여름 앞에서는 나의 계획이나 다짐 같은 게 몽땅 무용지물이 돼버렸다. 그러니까 우리의 여름 일을 기억하는 데 실패한 것도 이상한 일은 아니지.

 내가 꼭 여름 같다던 사람의 말을 꺼내본다. 여름과 가장 먼 표정으로 알 수 없는 말을 남기고 다시는 오지 않는 사람. 그때는 알 수 없었던 말을 이제는 알 것 같다고 생각하면서 마음 같지 않았던 여름들을 떠올린다. 아이스크림이 녹아서 막대를 타고 금방 팔꿈치까지 흐르는 기분. 그런 기분일 때는 눈이 저절로 꼭 감긴다. 여름의 일을 떠올리는 건 역시 아득하지. 아름다워서, 눈이 부셔서, 알 수 없어서.

긴소매 옷을 입고도 팔을 문지르던 밤에 누가 내게 막대 아이스크림을 건네주며 그랬다. 하드를 한여름에 먹는 사람은 바보라고. 하드는 원래 추울 때 먹는 거라고. 바보 같은 소리라고 생각하고 픽 웃어버렸지만 쌀쌀한 날씨에 녹지 않는 아이스크림, 그게 뭐라고 또 마음이 놓이는지.

마음을 푹 놓고 보내는 여름이 올 수 있을까. 그런 여름을 영원히 기다리는 것이 나의 여름의 일일 것만 같다.

착실한 망나니가 되고 싶어

○

레모네이드와 레몬 스콘을 함께 먹거나, 레몬 스콘을 먹으며 소설 '레몬'을 읽거나, 그다음 날엔 레모네이드를 마시며 '레몬'을 읽는(사실은 '레몬'을 읽으려고 레모네이드를 마시는) 그런 종류의 착실함(유치함). 공교롭게도 소설 속의 인물이 너무나 착실한 사람이어서, 나는 그의 '나도'에 몇 번이나 동그라미를 친다.

'나도'라는 말이 여기저기에 붙는 사람. 누군가 무언가를 하면 그럴 생각이 없다가도 '나도'라고 응답하며 금세 이끌려 가는 사람. 언제나 약간의 빈자리를 남겨두고 누구든 앉았다 가게 하는 사람. 또 11시에 퇴근을 하면 11시 30분에 문을 닫는 포장마차에 들러 설탕 발린 꽈배기를 사 가는 사람. 날마다 그렇게 하는 사람.

그런 착실함이 눈에 밟힌다. 애처롭다.

○

　　나는 어렸을 때부터 착실했다. 기다리라고 하면 기다리고, 가지 말라고 하면 안 가고, 지나가는 말도, 그냥 하는 말도 몽땅 그대로 받아들이고서는 내내 기다렸다. 사람에게 착실했고 약속 앞에 착실했다. 여섯 살 때는 언니가 자기 친구들 앞에서 내 동생은 수박껍질도 먹을 수 있다고 자랑을 해버리는 바람에 수박껍질을 우적우적 씹은 적이 있다. 삼키지는 못하고 화장실에 가서 뱉긴 했지만 얼마나 바보 같았는지.

　　나는 언니의 '한 번만'에 매번 넘어갔다. 농구공이 되어달라고 하면 언니의 손 박자에 맞춰서 머리를 위아래로 움직이며 농구공이 됐고, 자기 발을 기타라고 생각하고 연주하라고 하면 그렇게 했다. 언니가 나에게 시켰던 수많은 것 중에서도 그 두 가지를 정말 싫어했다. 그러면서도 매번 '한 번만'에 넘어가서 착실하게 농구공이 되고, 언니의 한쪽 발을 들고 기타 쥔 시늉을 하면서 입으로 소리를 내던 나. 숨바꼭질에서 술래가 됐을 때, 언니가 친구들을 몽땅 데리고 사라진 줄도 모르고 울면서 구석구석을 찾은 적도 있다.

○

　나의 착실함을 별로 좋아하지 않는다. 그런데도 착실한 사람들을 보면, 그럴 것 같은 사람들을 보면 비슷한 애달픔을 느끼고.

○

　아무것도 정해놓지 않으려고 아등바등 애쓰던 때가 있었다. 정해놓으면 잘 지키는 착실한 내가 다른 사람들이 정해준 대로 살아온 시간이 억울해서. 습관을 하나둘 벗어 던지고 아무렇게나 살려고 애쓴 적이 있다. 그러니까 아무것도 정하지 않겠다고 정해놓은 것을 착실하게 따르던, 결국은 또 정해진 것을 착실하게 지키던 때. 아무렇게나 자고 아무렇게나 먹고 아무렇게나 일어나서 아무렇게나 입고 아무렇게나 다니던 때. 아무 법칙이나 습관 없이 맨몸과 빈 마음이 되려고 애쓰던 때에 나는 조금 자유로웠던 것 같기도 했지만 어딘가 모르게 쫓기는 마음이 숨어 있었다. 도대체 나는 어디에 있지. 어디에서야 찾을 수 있지. 이렇게 어렵고 도무지 답이 없을 질문만 하면서 꾸역꾸역 살아내고 있었는데. 나의 착실함을 아주 많이 미워했었는데.

○

　착실한 게 그렇게 미울 일인가 싶겠지만 밉지 않은 착실함만 골라 이야기해서 그렇지 나의 착실함은 미운 것에도 퍼져 있다. 그런 착실함은 억척스럽거나 미련한 것과 닮았고, 나는 내게서 그런 점을 발견할 때마다 엄마를 떠올린다. 그러면 밉다. 무엇이 미운지는 잘 모르겠지만 뭔가가 아주 밉다.

○

　사랑은 자주 나를 있는 것을 못 보거나 없는 것을 보거나 하는 식의 멍청이로 만들었다. 아무것도 알아차릴 수 없는 사람으로. 아무것도 모르고 마냥 착실한 사람으로. 그게 나를 자주 불행으로 밀어 넣었다. 믿는 마음이 없는 사랑은 줄곧 불행에 닿았다. 시선을 느끼면서도 돌아볼 수는 없는 사람이 느끼는 초조한 마음 같은 애매한 불행. 그런 것들이 고깃덩이에 붙은 기름처럼 끈끈하게 달라붙어 있었다. 제거할 수 없을 것 같아서 의혹이 덕지덕지 붙은 사랑을 정리하기로 했다. 이미 지나간 것도, 아직 남아 있는 것도 있었다.

○

무언가 좋아지려고 할 때의 나는 조심스럽다.
너무 조심하다 보면 작은 믿음들을 모을 수가 없다.

○

뮈든지 새로 좋아하게 되면 들여다보고,
공부하고, 내내 곁에 둔다. 아주 착실한 사람. 그래서
새로 좋아하기가 더 어려울지도 모른다. 조금 덜
착실하게 좋아해도 될 텐데. '마음을 푹 놓고 보내는
여름'은 그런 걸 뜻하는지도 모른다. 조금 덜 착실한
여름.

○

무언가를 새로 좋아하게 될 때 용기가 필요하다.
그러니 안 해본 것을 해보겠다는 건 용기를 낸다는
거였지 새로운 것을 위해 좋아하는 것을
저버리겠다는 건 아니었다. 그러니 편애하는 것은
제쳐두는 게 맞다.

○

　모으는 사람의 마음이 그렇다. 내게 없는 것을 다른 사람은 가지고 있다고 생각하면 그것까지 모아야만 할 것 같다. 한정판 같은 것. 돈이나 사람도 마찬가지. 나에겐 말이 그랬던 때가 있었다. 내가 아직 쓰지 못하는 말들이 너무 많은데, 누군가는 쓰고 있다고 생각하면 몹시 괴로웠다. 그런 마음도 지나간다.

○

　좋아하는 것이 구체적으로 늘어날 때 나는 자라는 기분이다. 싫어하는 것이 구체적으로 늘어날 때는 아래로 깊어지는 기분이다. 전자는 가지가 자라는 모양새고 후자는 뿌리가 자라는 모양새다.

○

　그러나 뿌리가 자라는 것을 '깊다'고 말하는 건 어디까지나 바깥의 입장. 나는 밖과 안의 입장을 골고루 가져보고 싶다.

○

예전에는 내가 휘둘리는 사람 같아서 괴로웠지만 지금은 그냥 나의 착실함의 일부라고 인정하게 됐다. 나는 그저 '나도'를 잘하는 사람일 뿐. 그 이상도 그 이하도 아니라고. 잘 물드는 사람이긴 하지만 예쁜 색을 띤 사람 곁에서라면 그게 꼭 나쁜 점만은 아닐 거라고.

○

더 느긋하고 너그러워지고 싶다.

착실함과 함께 갈 수 없다고 생각했던 때도 있었지만 함께 갈 수 있을 것이다. 조급한 마음은 저쪽으로 미뤄놓고 싶다. 성실하게 사랑하고, 들여다보고, 샅샅이 끌어안고, 의혹 없는 눈길을 내는 사람이 되고 싶다.

누가 뭐라고 하든지 내가 믿는 길을 천천히 걷고 싶다. 그럴 때의 방해꾼은 가볍게 무시할 수 있는 사람이 되고 싶다. 그러니까 열에 한둘쯤에 몰두하고 나머지 여덟아홉은 무시하는, 너무 조심하지 않고, 혼자가 되려고 애쓰지 않고, 조금쯤 아무렇게나 들뜰 수 있는.

○

'되고 싶은 인간이 되는 게 좋겠지.'

나에게 자주 했던 말이다. 아침형 인간, 말을 예쁘게 하는 인간, 싫은 것을 참지 않는 인간, 육식하지 않는 인간, 쓰는 인간. 내가 한때 되고 싶었고, 돼봤던 것들이다. 몇은 더 이상 원하지 않아서 그만두었고, 몇은 여전히 이어지고 있다. 되고 싶은 인간이 되는 게 좋겠지. 요즘은 건강한 인간이 되고 싶다.

되고 싶은 인간이 되세요.

되기 싫은 것이 되지 않는 것도 좋습니다.

○

믿는 마음, 나의 착실함이 거기에 기대어 있다. 믿는 마음이 사라지면 착실함도 무너지고 말 것이다.

○

내가 마음을 푹 놓고 따뜻해질 수 있게, 팔짱을 풀고 기꺼이 포옹의 자세가 될 수 있게 해주는 이들을 밤마다 생각하려고 한다. 불면을 끝내고 숙면으로 가는 길이라 믿는다.

○

우리가 서로를 살피는 마음에서 시작된 새 용기가 사이사이를 흐를 것이다. 용기를 내면 조금 더 믿을 수 있다. 모든 것이 불확실한 세상에서 믿음은 가장 연약하고, 동시에 가장 단단해질 수 있는 것.

○

믿는다는 말. 이 말의 무게를 우리가 조금 더 함께 생각할 수 있을까. 너무 자주 쓰는 말이지만 정말로 믿는다는 것은 얼마나 대단한 일인지. 우리가 좀 더 구체적인 인간이 되어서, 그래서 작은 믿음들을 알아차릴 수 있게 되어서, 그것들을 구분할 수 있는 눈을 가지게 되어서, 닳고 납작해진 그것의 원래 모양을 되찾아 줄 수 있다면……. 믿음은 더욱 자랄 것이다. 더욱 자란 믿음은 견고할 것이다. 견고해진 믿음 위에는 올리지 못할 게 없을 것이다. 올리지 못할 게 없을 거라는 이런 예감. 믿음.

2023년의 편지

　〈오늘은 파도가 높습니다〉는 2018년에 출간하고 2019년에 절판한 책입니다. 이 책에 실린 글을 지우거나 고쳐서 새로운 책으로 다시 펴내는 마음에 대해서는 어떤 말을 더 붙이고 싶지 않아요. 모두 읽는 사람의 몫으로 남겨둡니다. 뜬금없지만, '몫'이란 말은 참 무섭고도 아름답다는 생각을 합니다. 한 가지 바라는 게 있다면, 어느 구석에서든 사랑을 발견해 주시길 바라요.

　작가 네 명의 경주 이야기를 모은 〈달빛에 기댄 시간에 남아있는 것들〉은 2020년에 출간하고 1쇄를 소진한 뒤 절판한 책입니다. 그 책에 제가 실었던 글은 여러 편의 메모와 두 편의 에세이입니다. 메모 중 일부와 한 편의 에세이를 이 책에 싣는다면 책과 책, 글과 글을 이어줄 수 있을 거라고 생각했습니다. 이어지는 부분을 발견한다면 좋겠지만 아니어도 괜찮을 거예요.

저의 믿음이 계속 자라고 있는지, 글과 사랑이 어떻게 흘러가고 있는지 지켜봐 주시면 덜 외롭고 더 용감해질 것 같습니다.

이번 편지는 이렇게 마칩니다.
이다음 편지도 준비하고 있어요.

2023년, 경주에서
황수영 드림

So The Seasons Passed,
오늘은 파도가 높습니다

1쇄 발행 2023년 5월 8일
2쇄 발행 2023년 10월 25일
3쇄 발행 2024년 7월 20일
4쇄 발행 2025년 5월 5일

글 황수영
편집 황수영

표지 그림 김민지(Saie Pottery)
디자인 TABACOBOOKS, 김민지(Saie Pottery), 황수영

발행처 이불섬
발행인 황수영
출판등록 2018년 7월 4일 제504-2018-000004호
이메일 warmjday@naver.com

ISBN 979-11-964313-5-8

ⓒ 황수영, 2023
이 책은 저작권법에 의하여 보호를 받는 저작물이므로 무단 전재와 복제를 금합니다.